LA
QUESTION DES DROITS

SUR LES

VINS ÉTRANGERS

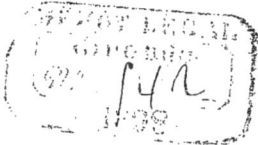

Prix : 50 centimes

BORDEAUX

FERET & FILS, LIBRAIRES-ÉDITEURS

15, COURS DE L'INTENDANCE, 15

1898

LA
QUESTION DES DROITS

SUR LES

VINS ÉTRANGERS

Extrait de la *Revue économique de Bordeaux*, 1ᵉʳ novembre 1898

BORDEAUX

FERET & FILS, LIBRAIRES-ÉDITEURS

15, COURS DE L'INTENDANCE, 15

1898

RÉSUMÉ ANALYTIQUE

NOTE EXPLICATIVE

RÉPONSE AU QUESTIONNAIRE DE L'ADMINISTRATION DES DOUANES
AU SUJET DE NOS RAPPORTS ÉCONOMIQUES AVEC L'ESPAGNE

NOTE EXPLICATIVE

Nous ne pouvons nous méprendre sur le rôle assigné à l'Administration des Douanes : elle a été instituée pour appliquer les lois fiscales et les lois dites de protection. Il ne lui appartient pas de les modifier; mais nous lui savons gré de s'enquérir des conditions normales des échanges avec les divers pays et d'en aviser les Pouvoirs publics.

La question du change, en ce qui touche les vins achetés en Espagne, a donné lieu à de singulières théories : ceux qui ont le désir de l'étudier à fond consulteront avec fruit un des maîtres les plus compétents, Léon Say, dans ses commentaires du livre de M. Goschen sur cette matière.

On oublie presque toujours dans cette question le rôle important du crédit du pays vendeur et de la qualité de sa monnaie.

Quand deux pays comme l'Angleterre et la France possèdent chacun une monnaie équivalente et un excellent crédit, le change ne peut dépasser les frais de déplacement de l'or lorsque le débiteur ne trouve pas avantage à se libérer au moyen de traites du pays créancier.

Mais cette opération si simple se complique beaucoup quand l'un ou les deux pays en relations commerciales ont une monnaie dépréciée ou un papier-monnaie à cours forcé.

Cette complication impliquant un risque souvent très important, se chiffre chaque jour par les maisons de banque; eh bien! quelques viticulteurs girondins veulent à toute force que ce chiffre représente un bénéfice pour le pays vendeur, et ils demandent un supplément de droit égal à ce prétendu béné-

fice ; à ce compte, notre pauvre France aurait dû se considérer
bien riche à la triste époque des assignats !

Les partisans, chez nous, de ces droits supplémentaires
sont hantés par une appréhension terrible : ils s'imaginent
qu'en présence de notre faible récolte de vins en 1898, toute
la récolte espagnole va se précipiter sur la France, et en face
d'un tel péril, si péril il y a, ils demandent l'application pré-
ventive et immédiate de la fameuse loi dite du *cadenas* (¹). On
verra dans le travail ci-joint, appuyé sur une statistique
sérieuse, que le péril redouté est imaginaire : notre pays n'a
jamais demandé à l'étranger que les vins dont il avait l'emploi.

M. M.

(¹) L'école de la protection est allée chercher dans la législation étrangère
(serait-ce par hasard dans le vieil arsenal du Conseil des Dix ?) une arme rongée par
la rouille, dont elle attend merveille. C'est, paraît-il, pour empêcher la spéculation ;
or, personne ne peut l'empêcher, parce qu'elle prend sa racine dans la prévoyance.
On a mis à la place la pire des spéculations : celle des antichambres ministérielles,
comme on l'a déjà pratiquée chez nos voisins les Italiens, ainsi que cela a été
divulgué à la tribune. Nous plaignons les ministres chargés d'appliquer chez nous
cette loi d'origine étrangère ; on aura grand tort, mais on les accusera à coup sûr de
monter des spéculations avec des compères... Nous attendons d'un ministère libéral
la suppression de cette horrible loi.

RÉPONSE

AU

Questionnaire de l'Administration des Douanes

AU SUJET DE

NOS RAPPORTS ÉCONOMIQUES AVEC L'ESPAGNE

MONSIEUR LE DIRECTEUR,

J'ai reçu de l'Administration des Douanes de Bordeaux une statistique des exportations d'Espagne en France pendant les sept premiers mois de 1897 et de 1898.

Cette statistique comparée était accompagnée de quelques demandes d'explications dans les termes suivants :

« L'Administration désirerait être renseignée sur l'influence que l'accroissement des importations espagnoles a pu avoir sur le cours local des marchandises nationales et sur les circonstances qui, en dehors des variations du change, ont pu agir, soit sur les importations d'Espagne, soit sur les cours des marchandises françaises. »

En général, les causes qui déterminent les importations et les exportations dans un pays, sont multiples; mais l'abondance ou l'exiguïté des récoltes dans ces pays sont pour beaucoup dans le mouvement des échanges.

C'est précisément à un fort déficit des huiles d'olive en Italie et en France en 1897, et à une très faible récolte de vins en France et à sa qualité défectueuse, cette même année, qu'il faut attribuer l'excédent d'importation en France des huiles d'olive et des vins d'Espagne.

Je tiens d'un négociant en huile de notre ville, qu'il eût été très embarrassé dans son commerce s'il n'avait pu trouver en Espagne l'huile que la France et l'Italie étaient dans l'impossibilité de lui fournir.

Il en eût été de même pour les vins de qualité commune; sans les vins d'Espagne, le commerce français eût été dans l'impossibilité de remonter certains vins communs français destinés à l'exportation ou à la grosse consommation intérieure; il convient même de dire que l'importation des vins d'Espagne à fort degré eût été beaucoup plus considérable cette année à Bordeaux si on avait maintenu aux entrepôts spéciaux leur fonctionnement normal au lieu de le restreindre. Cette restriction fâcheuse a fait grand tort à notre port; elle a déterminé un détournement d'affaires à notre détriment; en effet, pour être en mesure de satisfaire leur clientèle de l'étranger, plusieurs négociants bordelais ont été contraints d'établir des succursales dans quelques ports d'Espagne; ces affaires se seraient faites à Bordeaux comme autrefois, si les coupages dans nos entrepôts spéciaux avaient été libres chez nous comme ils le sont en Espagne.

Je ne relève ensuite dans le tableau de la douane qu'un article de grande valeur « les laines en masse », dont l'importation a diminué; d'après mes informations, cette diminution a été causée par un surcroît d'importation de laines d'autres pays en France à de meilleures conditions.

Je ne m'arrête pas aux menus objets, mais je me permettrai, Monsieur le Directeur, d'appeler de nouveau votre attention sur l'objet le plus important pour Bordeaux et le département de la Gironde : sur le vin d'Espagne.

De tout temps notre région, exceptionnellement favorisée de la nature, a produit des vins très bons et de qualités infiniment variées; on peut dire que la Gironde donne des vins distingués et de conserve depuis 300 francs le tonneau de 900 litres jusqu'à 4,000 et 5,000 francs; on en obtient au prix qu'on veut y mettre entre ces extrêmes en augmentant 100 francs par 100 francs. Nous n'avons donc aucune concurrence à redouter; depuis, en effet, un temps immémorial, nous fournissons des vins d'une distinction spéciale à tous les pays du monde; mais précisément à cause de cette situation privilégiée, notre marché bordelais, par sa grande élasticité, peut mieux que tout autre servir d'entrepôt aux vins de tous les pays spécialement destinés à la grande consommation populaire; il en a été ainsi, du reste, à toutes les époques de libre importation du dehors et de l'intérieur de notre propre pays; c'est à ces circonstances, qu'est due la réputation justement méritée par notre commerce pour la perfection inimitable de ses coupages destinés aux vins dits de cargaison et de grande consommation courante. Aussi peut-on affirmer encore que la région girondine n'a jamais eu à redouter la concurrence des vins venant de l'étranger, contrairement à ce que semblent croire aujourd'hui certains viticulteurs bien moins compétents que leurs éminents devanciers de la première moitié de ce siècle.

Certes, de tout temps, nous avons eu un besoin indispensable de vins à bas prix venant de l'intérieur de la France et de l'étranger à titre de matière première pour entrer dans la composition de notre type classique de vin de cargaison; mais nous n'avons jamais importé que ce qu'il nous fallait, et jamais, à aucune époque, nous n'avons été témoins de l'affolement actuel, se traduisant par des demandes de prohibition absolue avant même la réunion du Parlement, au risque de compromettre toutes les opérations commerciales en cours portant sur les vins et de ruiner notre grande industrie de la tonnellerie [1].

Une preuve certaine que les vins étrangers n'ont jamais envahi notre marché au delà de ses besoins nous est fournie par la longue période de libre importation des vins de tous pays jusqu'à la fin de 1891; les statistiques ci-après transcrites extraites des registres de la Chambre de commerce de Bordeaux l'établissent d'une façon irréfutable.

En effet, les importations totales de l'étranger pendant la période libre semblent varier entre 30 0/0 et 45 0/0 de nos récoltes suivant l'importance plus ou moins grande de celles-ci.

Mais en ce qui touche spécialement la Gironde, suivant le tableau de ses récoltes et de ses importations de vins étrangers, depuis 1881 jusqu'en 1891, il semble qu'elles équivalent aux quantités récoltées.

Et à partir de 1892 jusqu'en 1897, période des droits très élevés sur les vins étrangers, les quantités de ces vins importées à Bordeaux ne représentent qu'environ la moitié des quantités récoltées dans notre département.

Il paraît résulter de ce fait que les consommateurs, appauvris par les tarifs de renchérissement général de 1892, consomment aujourd'hui moins de vin, leurs ressources restreintes étant absorbées par d'autres objets de première et plus impérieuse nécessité.

---

[1] Dans les années les plus disetteuses en vins des deux périodes du phylloxera et du mildiou, notre tonnellerie a vécu par l'usage local de loger en barriques bordelaises les vins étrangers importés en grosses pièces, sitôt que ces vins ont reçu leur forme et leur destination finales.

Il ne résulte pas moins des constatations qui précèdent, que les droits élevés mis sur les vins étrangers n'ont pas empêché l'importation des vins d'Espagne dont nous avons un besoin indispensable; mais ces droits, c'est incontestable, retombent en entier sur notre viticulture et sur les consommateurs français; tandis que pendant la période de la libre importation des vins étrangers, la viticulture, le commerce et la consommation profitaient des droits qu'ils n'avaient pas été contraints d'acquitter.

Ce sont là des faits d'évidence qui frappent surtout les intéressés directs; voici, en effet, ce qui se passe couramment :

Quand le propriétaire girondin de vins à faible degré propose ses vins au négociant exportateur de vins de cargaison, il se récrie généralement contre la faiblesse des prix qui lui sont offerts; or, le négociant lui réplique : l'exportation et la consommation me demandent des vins d'une qualité déterminée, dont le prix, fixé d'avance par le preneur, ne peut être dépassé; je suis donc forcé de vous faire rembourser les droits que me réclame la douane sur les vins étrangers; il est clair que j'aurais pu payer vos vins 100 francs ou 150 francs de plus par tonneau si la douane ne me demandait rien, comme avant 1892. Il est donc absolument vrai que les droits de douane mis en 1892 sur les vins étrangers sont à l'entière charge de la viticulture française.

Aussi, la campagne menée en ce moment par certains viticulteurs pour demander de plus forts droits sur les vins d'Espagne est incompréhensible; ils souffrent déjà des droits existants — à leur insu sans doute — et ils supplient, en aveugles, les pouvoirs publics d'augmenter leur gêne et leurs souffrances.

Si, malheureusement pour eux, ils réussissent, ils continueront à se fermer en partie leurs débouchés au dehors; on sait déjà combien l'Espagne et l'Italie, en présence de notre refus d'acheter leurs vins, ont réussi à en expédier directement dans les pays que nous avions approvisionnés jusqu'ici.

Si nos viticulteurs, mal informés, savaient un peu mieux ce qu'ont fait leurs devanciers de 1845 à 1860 (voir dans les journaux girondins de l'époque les travaux des Comices agricoles de la Gironde et ceux du Conseil général de l'Hérault), ils verraient que ces devanciers demandaient à cor et à cri des traités de commerce avec tous les pays étrangers; et qu'après avoir obtenu ces traités en 1860, une ère de prospérité pour l'agriculture et le commerce n'a pas discontinué pendant vingt années; il a fallu la réaction économique de 1881 — malgré

l'opposition des grandes Chambres de commerce — et celle fort aggra-
vée de 1892, pour remettre tout en question et créer une instabilité
ruineuse pour le pays, au profit exclusif, il faut le dire, d'un petit
nombre de privilégiés auxquels la France entière sert des rentes
plantureuses.

J'ai terminé, Monsieur le Directeur, la réponse que je devais à votre
Administration au sujet de la statistique comparée (pour l'Espagne) des
sept premiers mois de 1897 et de 1898; cette réponse, je le crois,
s'appuie sur des faits bien constatés.

Aussi, au lieu de creuser l'abîme qui nous sépare de l'Espagne, je
demanderais un traité de commerce avec ce pays d'une durée d'au
moins dix années. Nous maintiendrions le droit de 10 francs par hec-
tolitre pour tous les vins naturels jusqu'à 14 degrés d'alcool natif;
nous abaisserions ces droits chaque année de 1 franc. L'Espagne, de
son côté, supprimerait tous droits sur les vins français en cinq années,
à raison d'un cinquième par année.

Tableau des récoltes en France, depuis 1875 jusqu'en 1897.

ANNÉES	ÉTAT DES RÉCOLTES	EN FRANCE	DANS LA GIRONDE
		Hectol.	Hectol.
1875	Qualité de vin exceptionnelle	83,836,000	5,279,000
1876	Médiocre.......................	41,847,000	1,961,000
1877	Faible et fine....................	56,405,000	3,511,000
1878	Bonne, bon degré.....	48,729,000	2,210,000
1879	Moyenne	25,770,000	1,567,000
1880	Médiocre.......................	29,667,000	1,660,000
1881	Très alcoolisé	34,139,000	1,276,000
1882	Début du mildiou.................	30,885,000	1,267.000
1883	Période mildiou..................	36,029,000	1,867,500
1884	do	34,780,000	1,338,000
1885	do	28,536,000	1,076,000
1886	do	25,063,000	1,108,000
1887	Vin corsé, bonne qualité	24,333,000	1,154,000
1888	Faible, bonne qualité	30,102,000	2,666,000
1889	Ordinaire......................	23,224,000	2,148,000
1890	do	27,416,000	1,593,000
1891	Faible, mais bon	30,140,000	2,445,000
1892	Qualité ordinaire.................	29,082.000	1,843,000
1893	Bonne qualité.......	50,070,000	4,927,000
1894	Ordinaire......................	39,053,000	2,333,000
1895	Bonne qualité.............	26,688,000	2,094,000
1896	Très ordinaire...................	44,656,000	3,354,500
1897	Qualité inférieure	32,350,000	1,336,200

Tableau des vins étrangers, importés depuis 1875 jusqu'en 1897.

ANNÉES	EN FRANCE	A BORDEAUX
	Hectol.	Hectol.
1875	— •	18,146
1876	—	54,467
1877	—	71,250
1878	—	174,885
1879	—	279,126
1880	7,220,574	696,572
1881	7,838,807	1,093,283
1882	7,537,139	1,049,460
1883	8,980,793	1,061,476
1884	8,129,874	843,393
1885	8,183,665	1,079,220
1886	11,042,091	1,790,416
1887	12,282,286	2,109,614
1888	12,064,271	2,084,496
1889	10,470,127	1,764,040
1890	10,830,462	1,648,058
1891	12,280,458	2,080,243
1892	9,400,136	1,404,951
1893	5,895,308	1,032,229
1894	4,495,573	768,781
1895	6,336,519	1,243,012
1896	8,814,431	1,488,375
1897	5,204,175	1,465,911

Une preuve qu'en tout temps il a fallu à la France, et particulière-
ment à Bordeaux, des vins étrangers : pendant la période libre, on en
a importé avec les grandes récoltes; mais ces importations se sont
accrues à partir de 1880 jusqu'en 1891 pendant les périodes de
phylloxera et du mildiou. A dater de 1892, période des droits, on
importe l'indispensable, mais la consommation générale des vins
diminue en France.

Comme on le voit par ce tableau, le Portugal, de **1881** à **1889**, a fourni à Bordeaux des quantités de vins très importantes et d'excellente qualité; depuis 1890 et 1891, ce pays a été envahi par le phylloxera, et l'Espagne est devenue notre principal fournisseur; l'Italie et la Hongrie nous ont livré aussi d'excellents vins, mais les rigueurs douanières ont donné un monopole de fait aux vins d'Espagne.

Importation des vins étrangers à Bordeaux

ANNÉES	ESPAGNE	PORTUGAL	ITALIE	AUTRICHE-HONGRIE	ALGÉRIE	AUTRES PAYS ENSEMBLE	TOTAL
	Hectol.	Hectol.	Hectol.	Hectol.	Hectol.	Hectol.	Hectol.
1875	14,295	2,910	115	»	»	826	18,146
1876	22,717	27,958	3,357	100	»	335	54,467
1877	46,664	22,997	369	270	»	950	71,250
1878	170,816	3,677	111	»	»	281	174,885
1879	276,573	1,557	391	323	»	282	279,126
1880	632,491	18,165	21,389	12,042	»	12,485	696,572
1881	827,103	215,935	27,615	20,206	»	2,424	1,093,283
1882	794,967	220,215	21,050	12,007	»	1,221	1,049,460
1883	603,019	308,986	97,550	54,153	»	2,768	1,061,476
1884	462,923	254,942	79,580	42,511	»	3,437	843,393
1885	296,939	693,458	37,065	48,862	»	2,896	1,079,220
1886	438,694	1,025,224	172,433	104,959	13,347	35,759	1,790,416
1887	713,040	708,571	325,118	182,026	153,848	27,011	2,109,614
1888	642,694	844,803	137,454	173,761	260,023	16,761	2,084,496
1889	675,595	622,652	14,529	161,273	259,407	30,584	1,764,040
1890	914,315	164,192	293	108.662	385,250	75,341	1,648,053
1891	1,539,604	19,075	877	43,493	412,252	64,942	2,080,243
1892	858,590	28,462	55,108	7,520	413,344	41,927	1,404,951
1893	739,761	1,461	29,085	8,704	201,818	51,400	1,032,229
1894	526,096	962	11,179	1,089	218,880	10,575	768,781
1895	792,963	1,147	4,838	2,894	395,314	45,856	1,243,012
1896	1,166,064	85	1,191	6,693	293,605	20,797	1,488,375
1897	985,747	2,181	766	320	444,100	32,797	1,465,911

Importation des vins étrangers en France.

ANNÉES	ESPAGNE	ITALIE	PORTUGAL	AUTRICHE	TURQUIE	ALGÉRIE	TUNISIE	AUTRES PAYS	TOTAUX
	Hectol.	Hectol.	Hectol.	Hectol.	Hectol.	Hectol.	Hectol.	Hectol.	Hectol.
1880	5,112,387	1,604,362	33,887	289,642	100,866	17,061	»	62,429	7,220,574
1881	5,717,938	1,556,269	262,371	100,937	90,969	10,834	»	99,489	7,838,807
1882	6,233,074	808,633	248,936	101,557	38,996	9,516	»	96,427	7,537,139
1883	6,297,377	1,932,261	327,865	164,374	85,762	83,342	»	89,812	8,980,793
1884	5,189,864	2,173,509	291,392	169,542	38,591	187,529	»	79,447	8,129,874
1885	5,712,890	889,558	890,390	210,933	68,542	320,984	»	90,368	8,183,665
1886	6,425,855	1,928,453	1,430,490	391,190	193,323	487,926	»	184,854	11,042,091
1887	7,254,829	2,723,606	826,341	339,944	230,820	760,987	»	145,759	12,282,286
1888	7,898,494	1,053,937	1,105,648	427,904	121,579	1,224,628	»	232,081	12,064,271
1889	7,052,208	110,936	875,593	422,248	193,573	1,581,085	1,934	232,550	10,470,127
1890	7,868,331	26,642	203,089	360,528	237,886	1,959,273	9,991	164,722	10,830,462
1891	9,708,371	16,435	30,396	203,396	271,872	1,847,003	11,821	191,164	12,280,458
1892	5,612,359	344,550	64,448	79,397	210,853	2,821,639	47,322	219,568	9,400,136
1893	3,598,581	128,881	5,257	8,844	127,571	1,818,459	42,934	164,831	5,895,308
1894	2,189,711	80,902	6,835	4,551	121,224	2,011,380	40,944	90,026	4,495,573
1895	3,044,256	23,988	7,558	4,922	154,805	2,910,134	127,797	63,059	6,336,519
1896	5,215,651	22,486	6,560	10,986	164,393	3,193,841	86,828	113,686	8,814,431
1897				Le détail n'a pas encore paru.					5,204,173

Par ce tableau de l'importation des vins étrangers en France, on voit que l'Algérie commence à fournir à notre pays un très fort chiffre de vins, et que la Tunisie ne tardera pas aussi à nous en envoyer de bonnes quantités, si la sollicitude protectionniste ne détourne pas ces vins vers l'étranger.

Je voudrais maintenant, Monsieur le Directeur, avant de clore cette note, regarder d'un peu plus haut les intérêts généraux de notre pays, en m'inspirant des enseignements mémorables de l'un de vos éminents prédécesseurs, M. Amé; je voudrais après lui essayer de réagir contre la doctrine qui considère comme un malheur public les importations de l'étranger.

Deux pays voisins l'un de l'autre, comme la France et l'Espagne, méconnaissent l'un et l'autre les lois providentielles les plus évidentes et leurs intérêts les plus positifs en s'efforçant de gêner leurs échanges par des droits prohibitifs.

Les agriculteurs et les négociants de chacun de ces pays, livrés à une appréciation très clairvoyante de leurs intérêts respectifs, trouvent un avantage certain et réciproque à effectuer entre eux des échanges; mais leurs gouvernements les en empêchent. Est-ce compréhensible? Non, car il est indubitable que, de leur propre aveu, Espagnols et Français gagnent à effectuer ces échanges, et cependant les deux gouvernements semblent douter de leur avantage incontestable; c'est qu'il y a chez eux une arrière-pensée : celle de ménager quelques producteurs privilégiés.

C'est ainsi que chez nous, au lieu de laisser nos agriculteurs, nos industriels et nos négociants faire des affaires fructueuses avec l'Espagne, nous avons élevé en 1892 une barrière douanière plus infranchissable que les Pyrénées. Les conséquences désastreuses d'une telle politique n'ont pas tardé à se produire : nos échanges avec l'Espagne ont de suite diminué de moitié; aussi, avons-nous vu d'un côté les Espagnols faire de grands efforts afin de trouver au dehors des débouchés pour les marchandises que nous avons refusé de recevoir chez nous; et, de l'autre, des industriels français, privés de leurs débouchés habituels en Espagne, y transporter leurs manufactures afin d'y rejoindre leurs anciens clients. Voilà les résultats de nos tarifs excessifs de 1892 [1].

(1) Un journal, grand défenseur du régime de 1892, tentait d'expliquer la grande diminution de nos affaires avec l'Espagne par un plus grand développement de son industrie intérieure; mais il se gardait de dire que nous étions la cause de ce développement par nos tarifs déraisonnables.

Il existe pourtant à l'appui de mes assertions, et au-dessus de toute controverse, un contrôle d'ordre supérieur et infaillible : l'instinct des habitants des deux pays touchant la solidarité de leurs intérêts ne les a pas trompés ; il est très vrai que les avantages qu'ils retirent de leurs échanges spontanés sont égaux, et la preuve en est dans l'axiome incontesté du paiement intégral des produits importés par une somme d'égale valeur en produits nationaux (1).

Il est donc bien regrettable que certains gouvernements, pour assurer des privilèges à quelques-uns, compromettent les intérêts les plus chers des peuples dont ils gèrent les affaires ; aussi, est-il du devoir de chacun de protester, et c'est ce que je me permets de faire.

M. M.

(1) Cet axiome est contesté par les protectionnistes ; que ne contestent-ils pas pour embrouiller les vérités les plus simples ? Leurs sophismes sont pitoyables : celui de notre argent passé à l'étranger est de ce nombre. L'argent est un simple véhicule portant sa valeur en lui-même, dont la fonction est de faciliter et d'activer les échanges. On pourrait se passer de son intervention, et ces échanges auraient lieu quand même ; mais ce serait moins commode. La vérité est celle-ci : plus on achète à l'étranger, plus on commande de travail à l'intérieur pour payer les produits importés.

Bordeaux. — Imprimerie G. GOUNOUILHOU, rue Guiraude, 11.